Impressum
Verlag: BABADADA GmbH, Nedderfeld 112 , 22529 Hamburg
Geschäftsführer / Verlagsleitung: Harald Hof
Druck: Books on Demand GmbH, In de Tarpen 42, 22848 Norderstedt

Imprint
Publisher: BABADADA GmbH, Nedderfeld 112 , 22529 Hamburg, Germany
Managing Director / Publishing direction: Harald Hof
Print: Books on Demand GmbH, In de Tarpen 42, 22848 Norderstedt, Germany

مدرسه
Šola

کلاس درس
Razred
تقسیم کردن
Deljenje
186/2
تخته
Tabla
Šolsko dvorišče
معلم
Učitelj
کاغذ
Papir
نوشتن
Pisati
خودکار
Pisalo
میز تحریر
Pisalna miza
خط کش
Ravnilo
کتاب
Knjiga
دانش آموز
Učenec

کیف مدرسه

Šolska torba

جامدادی

Peresnica

مداد

Svinčnik

تراش

Šilček

پاک کن

Radirka

دفتر رسم

Risalni blok

طراحی

Risba

قلم مو

Čopič

جعبه ی آبرنگ

Vodene barvice

قیچی

Škarje

چسب

Lepilo

کتاب تمرین

Zvezek

تکلیف خانه

Domača naloga

رقم

Število

جمع کردن

Seštevanje

تفریق کردن

Odštevanje

ضرب کردن

Množenje

محاسبه کردن

Računanje

حرف الفبا

Črka

الفبا

Abeceda

کلمه

Beseda

متن

Besedilo

خواندن

Brati

گچ

Kreda

درس

Učna ura

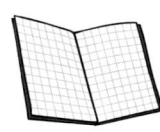

ثبت نام

Redovalnica

امتحان

Preizkus znanja

مدرک رسمی

Spričevalo

لباس مدرسه

Šolska uniforma

تحصیلات

Izobrazba

دانشنامه

Enciklopedija

دانشگاه

Univerza

میکروسکوپ

Mikroskop

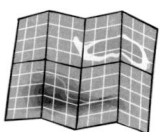

نقشه

Zemljevid

سبد کاغذ باطله

Koš za smeti

سفر
Potovanje

هتل
Hotel
مسافرخانه
Hostel
صرافی
Menjalnica
چمدان
Kovček
اتومبیل
Avtomobil

زبان

Jezik

بله / خیر

da / ne

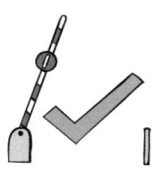

اکی

Prav

سلام

Pozdravljeni

مترجم

Prevajalec

ممنون

Hvala

قیمت ... چه قدر است؟

Koliko stane…?

من متوجه نمی شوم

Ne razumem

مشکل

Težava

عصر بخیر! / شب بخیر!

Dober večer!

صبح بخیر!

Dobro jutro!

شب بخیر!

Lahko noč!

خدانگهدار

Nasvidenje

جهت

Smer

بار سفر

Prtljaga

کیف

Torba

کوله پشتی

Nahrbtnik

مهمان

Gost

اتاق

Soba

کیسه خواب

Spalna vreča

خیمه

Šotor

مرکز راهنمای گردشگران

Turistične informacije

ساحل

Plaža

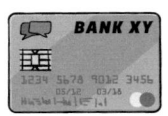

کارت اعتباری

Kreditna kartica

صبحانه

Zajtrk

نهار

Kosilo

شام

Večerja

بلیط

Vozovnica

آسانسور

Dvigalo

مهر

Znamka

مرز

Meja

گمرک

Carina

سفارتخانه

Veleposlaništvo

ویزا

Vizum

گذرنامه

Potni list

حمل و نقل

Prevoz

هواپیما
Letalo
کشتی
Ladja
ماشین آتش نشانی
Gasilsko vozilo
اتوبوس
Avtobus
کامیون
Tovornjak
قایق موتوری
Motorni čoln
دوچرخه
Kolo
اتومبیل
Avtomobil

کشتی مسافربری

Trajekt

قایق

Čoln

موتورسیکلت

Motorno kolo

ماشین پلیس

Policijski avto

ماشین مسابقه

Dirkalni avto

ماشین کرایه ای

Najeto vozilo

به اشتراک گذاری اتوموبیل

Souporaba avtomobila

جرثقیل

Avtovleka

ماشین حمل زباله

Smetarsko vozilo

موتور

Motor

بنزین

Gorivo

پمپ بنزین

Bencinska postaja

تابلو راهنمایی و رانندگی

Prometni znak

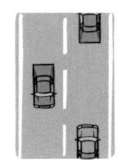

عبور و مرور

Promet

ترافیک

Zastoj

پارکینگ

Parkirišče

ایستگاه قطار

Železniška postaja

ریل راه آهن

Tirnice

قطار

Vlak

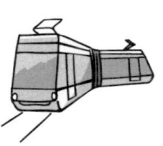

قطار برقی

Tramvaj

واگن

Vagon

هلیکوپتر

Helikopter

فرودگاه

Letališče

برج

Stolp

مسافر

Potnik

کانتینر

Kontejner

کارتن

Karton

گاری

Voziček

سبد

Košara

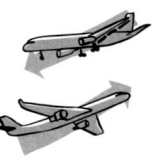

به پرواز درآمدن / فرود آمدن

vzleteti / pristati

شهر

Mesto

دهکده

Vas

مرکز شهر

Mestno jedro

خانه

Hiša

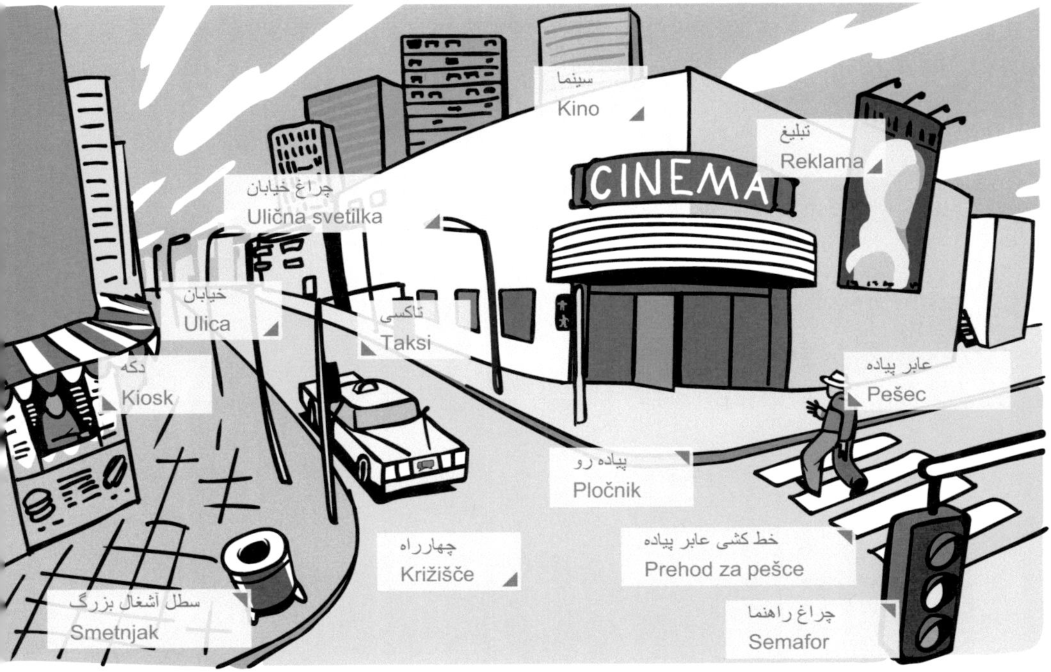

سینما
Kino
CINEMA
تبلیغ
Reklama
چراغ خیابان
Ulična svetilka
خیابان
Ulica
تاکسی
Taksi
دکه
Kiosk
عابر پیاده
Pešec
پیاده رو
Pločnik
چهارراه
Križišče
خط کشی عابر پیاده
Prehod za pešce
سطل آشغال بزرگ
Smetnjak
چراغ راهنما
Semafor

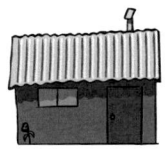

کلبه

Koča

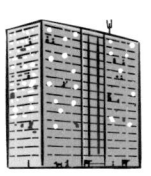

آپارتمان

Stanovanje

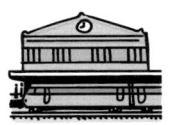

ایستگاه قطار

Železniška postaja

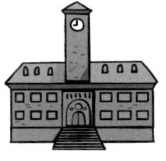

ساختمان شهرداری

Mestna hiša

MUSEUM

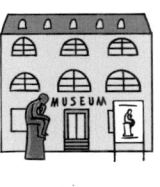

موزه

Muzej

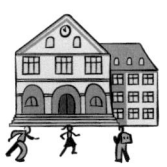

مدرسه

Šola

دانشگاه

Univerza

بانک

Banka

بیمارستان

Bolnišnica

هتل

Hotel

داروخانه

Lekarna

اداره

Pisarna

کتابفروشی

Knjigarna

مغازه

Trgovina

گل فروشی

Cvetličarna

سوپرمارکت

Supermarket

بازار

Tržnica

فروشگاه بزرگ

Veleblagovnica

ماهی فروش

Ribarnica

مرکز خرید

Nakupovalno središče

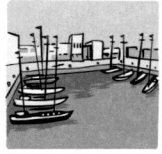

بندر

Pristanišče

پارک

Park

نیمکت

Klop

پل

Most

پله

Stopnice

مترو

Podzemna železnica

تونل

Predor

ایستگاه اتوبوس

Avtobusno postajališče

میخانه

Bar

رستوران

Restavracija

صندوق پست

Poštni nabiralnik

تابلوی خیابان

Ulična tabla

دستگاه پارکومتر

Parkirna ura

باغ وحش

Živalski vrt

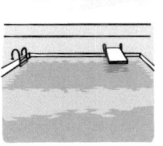

استخر شنای عمومی

Kopališče

مسجد

Mošeja

مزرعه

Kmetija

آلودگی محیط زیست

Onesnaževanje

قبرستان

Pokopališče

کلیسا

Cerkev

زمین بازی

Otroško igrišče

معبد

Tempelj

چشم انداز

Pokrajina

برگ
List

تابلوی راهنمای مسیر
Kažipot

راه
Pot

چمنزار
Travnik

سنگ
Kamen

درخت
Drevo

راه نورد
Pohodnik

رودخانه
Reka

چمن
Trava

گل
Cvetlica

دره

Dolina

تپه

Hrib

دریاچه

Jezero

جنگل

Gozd

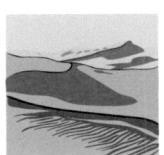

بیابان

Puščava

کوه آتشفشان

Vulkan

قلعه

Grad

رنگین کمان

Mavrica

قارچ

Goba

درخت نخل

Palma

پشه

Komar

مگس

Muha

مورچه

Mravlja

زنبور

Čebela

عنکبوت

Pajek

سوسک

Hrošč

قورباغه

Žaba

سنجاب

Veverica

جوجه تیغی

Jež

خرگوش صحرایی

Zajec

جغد

Sova

پرنده

Ptič

قو

Labod

گراز

Divji prašič

گوزن نر

Jelen

گوزن شمالی

Los

سد آب

Jez

توربین بادی

Vetrnica

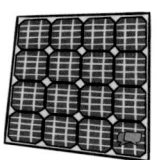

صفحه ی خورشیدی

Solarna plošča

آب و هوا

Podnebje

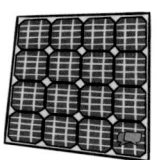

رستوران

Restavracija

Natakar
منوی غذا
Jedilnik
صندلی
Stol
سوپ
Juha
پیتزا
Pica
سرویس کارد و قاشق و چنگال
Pribor
رومیزی
Prt

پیش‌غذا

Predjed

غذای اصلی

Glavna jed

دسر

Sladica

نوشیدنی ها

Pijače

غذا

Hrana

بطری

Steklenica

فست فود

Hitra hrana

اغذیه خیابانی

Ulična hrana

قوری

Čajnik

قندان

Sladkornica

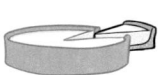

پُرس غذا

Porcija

دستگاه اسپرسو

Aparat za espresso

صندلی پایه بلند غذاخوری بچه

Stolček za hranjenje

صورتحساب

Račun

سینی

Pladenj

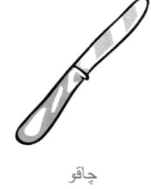

چاقو

Nož

چنگال

Vilica

قاشق

Žlica

قاشق چایخوری

Čajna žlička

دستمال سفره

Servieta

لیوان

Kozarec

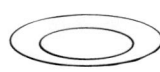

بشقاب

Krožnik

بشقاب سوپخوری

Globoki krožnik

نعلبکی

Krožniček

سس

Omaka

نمکدان

Solnica

فلفل ساب

Mlinček za poper

سرکه

Kis

روغن خوراکی

Olje

ادویه جات

Začimbe

سس کچاپ

Kečap

سس خردل

Gorčica

سس مایونز

Majoneza

سوپرمارکت

Supermarket

پیشنهاد ویژه
Posebna ponudba
مشتری
Stranka
لبنیات
Mlečni izdelki
میوه جات
Sadje
چرخ دستی خرید
Nakupovalni voziček
FOR

قصابی

Mesnica

نانوایی

Pekarna

وزن کردن

Tehtati

سبزیجات

Zelenjava

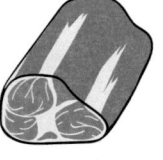

گوشت

Meso

غذای منجمد

Zamrznjena hrana

مخلوطی از انواع کالباس یا پنیر ک
ورقه ای بریده شده باشند
....
Hladne mesnine

غذای کنسروی
....
Konzerve

پودر لباسشویی
....
Pralni prašek

شیرینی جات
....
Sladkarije

لوازم خانگی
....
Gospodinjski izdelki

ماده شوینده و پاک کننده
....
Čistilno sredstvo

فروشنده
....
Prodajalka

صندوق پرداخت
....
Blagajna

صندوقدار
....
Blagajnik

لیست خرید
....
Nakupovalni seznam

ساعات کار
....
Delovni čas

کیف پول
....
Denarnica

کارت اعتباری
....
Kreditna kartica

کیف
....
Torba

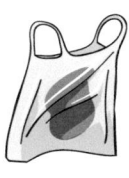

کیسه ی پلاستیکی
....
Plastična vrečka

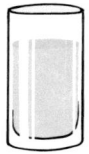

نوشیدنی ها

Pijače

آب

Voda

آبمیوه

Sok

شیر

Mleko

نوشابه کوکاکولا

Kola

شراب

Vino

آبجو

Pivo

الکل

Alkohol

کاکائو

Kakav

چای

Čaj

قهوه

Kava

قهوه اسپرسو

Espresso

کاپوچینو

Kapučino

غذا

Hrana

موز

Banana

سیب

Jabolko

پرتقال

Pomaranča

انواع هندوانه و خربزه

Lubenica

لیمو

Limona

هویج

Korenje

سیر

Česen

نی بامبو

Bambus

پیاز

Čebula

قارچ

Goba

آجیل

Oreščki

ماکارونی

Rezanci

اسپاگتی

Špageti

برنج

Riž

سالاد

Solata

سیب زمینی سرخ کرده

Ocvrt krompirček

سیب زمینی سرخ شده

Pečen krompir

پیتزا

Pica

همبرگر

Hamburger

ساندویچ

Sendvič

شنیتسل

Zrezek

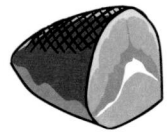

ژامبون خوک

Šunka

سالامی

Salama

سوسیس

Klobasa

مرغ

Piščanec

نوعی گوشت سرخ شده

Pečenka

ماهی

Riba

جوی پرک شده

Ovseni kosmiči

نوعی صبحانه مخلوطی از برگه ذرت و
میوه های خشک شده و خشکبار که
معمولا با شیر خورده می شود

Musli

کورن‌فلکس

Koruzni kosmiči

آرد

Moka

کرواسان

Rogljiček

نان بروتشن

Žemlja

نان

Kruh

نان تست

Prepečenec

بیسکویت

Piškoti

کره

Maslo

کشک

Skuta

کیک

Torta

تخم مرغ

Jajce

تخم مرغ نیمرو

Pečeno jajce na oko

پنیر

Sir

بستنی

Sladoled

شکر

Sladkor

عسل

Med

مربا

Marmelada

کرم شکلاتی بادامی

Čokoladni namaz

ادویه کاری

Kari

مزرعه

Kmetija

خانه ی مزرعه داران
Kmečka hiša
انبار غله
Skedenj
خرمن‌گاه
Bala slame
مزرعه
Polje
اسب
Konj
ماشین یدک کش
Prikolica
تراکتور
Traktor
کره اسب
Žrebe
خر
Osel
گوسفند
Ovca
بره
Jagnje

بز

Koza

گاو ماده

Krava

گوساله

Tele

خوک

Prašič

بچه خوک

Pujsek

گاو نر

Bik

غاز

Gos

اردک

Raca

جوجه

Piščanec

مرغ

Kokoš

خروس

Petelin

موش صحرایی

Podgana

گربه

Mačka

موش

Miš

گاو نر اخته

Vol

سگ

Pes

لانه ی سگ

Pasja uta

شلنگ باغبانی

Cev za zalivanje

آبپاش

Kangla za zalivanje

داس دسته بلند

Kosa

گاوآهن

Plug

داس

Srp

کج بیل

Motika

چنگک باغبانی

Vile

تبر

Sekira

فرقون

Samokolnica

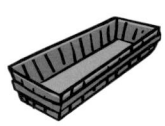

آبشخور

Korito

بطری نگهداری شیر

Kangla za mleko

کیسه

Vreča

حصار

Ograja

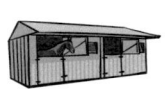

اصطبل

Hlev

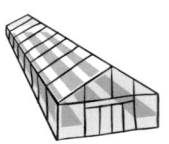

گلخانه

Rastlinjak

خاک

Prst

بذر

Seme

کود

Gnojilo

ماشین کمباین

Kombajn

برداشت کردن محصول

Žeti

محصول

Žetev

تمیس

Jam

گندم

Pšenica

سویا

Soja

سیب زمینی

Krompir

ذرت

Koruza

کلزا

Oljna ogrščica

درخت میوه

Sadno drevo

گیاه مانیوک

Maniok

غلات

Žito

خانه

Hiša

دودکش
Dimnik
پشت بام
Streha
ناودان
Žleb
پنجره
Okno
گاراژ
Garaža
زنگ در
Zvonec
در
Vrata
سطل آشغال
Koš za smeti
صندوق مراسلات
Poštni nabiralnik
باغ
Vrt

اتاق نشیمن

Dnevna soba

حمام

Kopalnica

آشپزخانه

Kuhinja

اتاق خواب

Spalnica

اتاق بچه

Otroška soba

ناهارخوری

Jedilnica

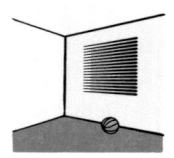

کف زمین

Tla

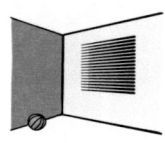

دیوار

Stena

سقف

Strop

زیرزمین

Klet

سونا

Savna

بالکن

Balkon

تراس

Terasa

استخر

Bazen

ماشین چمن‌زنی

Kosilnica

ملافه

Rjuha

روتختی

Posteljno pregrinjalo

تخت خواب

Postelja

جارو

Metla

سطل

Vedro

سویچ یا کلید

Stikalo

اتاق نشیمن

Dnevna soba

کاغذ دیواری
Tapeta
عکس
Slika
لامپ
Svetilka
قفسه
Polica
کابینت
Omara
تلویزیون
Televizor
شومینه
Kamin
گل
Cvetlica
کوسن
Blazina
کاناپه
Zofa
گلدان
Vaza
کنترل تلویزیون و ویدئو و غیره
Daljinski upravljalnik

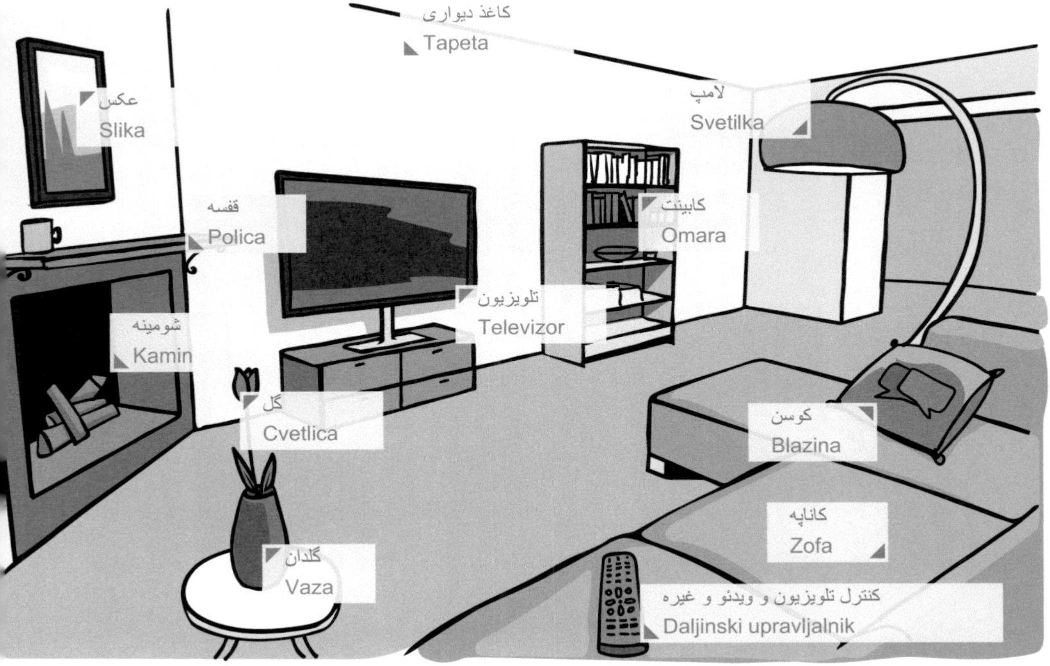

فرش

Preproga

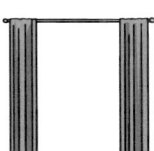

پرده

Zavesa

میز

Miza

صندلی

Stol

صندلی گهواره ایی

Gugalnik

صندلی راحتی

Naslanjač

كتاب

Knjiga

لحاف

Odeja

دكوراسيون

Dekoracija

هيزم

Drva

فيلم

Film

دستگاه ضبط صوت

Glasbeni stolp

كليد

Ključ

روزنامه

Časopis

تابلو نقاشى

Slika

پوستر

Plakat

راديو

Radio

دفترچه يادداشت

Beležka

جاروبرقى

Sesalnik

كاكتوس

Kaktus

شمع

Sveča

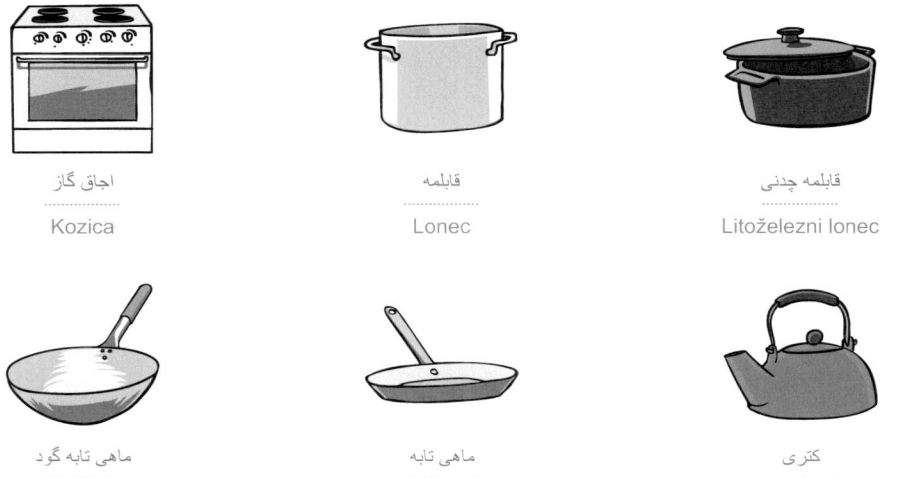

آشپزخانه
Kuhinja

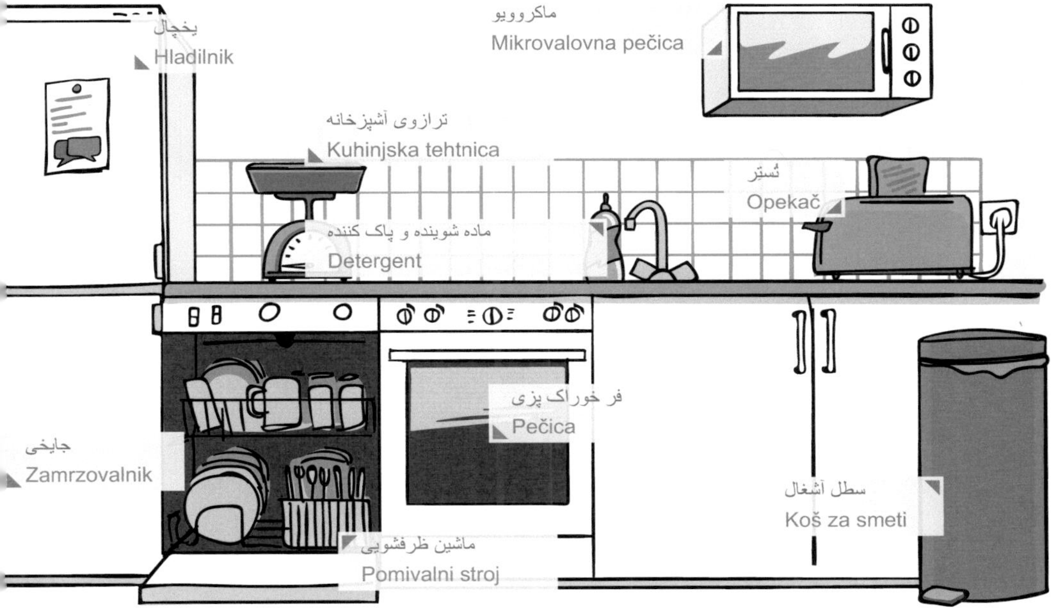

یخچال
Hladilnik
ماکروویو
Mikrovalovna pečica
ترازوی آشپزخانه
Kuhinjska tehtnica
تُستر
Opekač
ماده شوینده و پاک کننده
Detergent
فر خوراک پزی
Pečica
جایخی
Zamrzovalnik
سطل آشغال
Koš za smeti
ماشین ظرفشویی
Pomivalni stroj

اجاق گاز

Kozica

قابلمه

Lonec

قابلمه چدنی

Litoželezni lonec

ماهی تابه گود

Vok / kadai

ماهی تابه

Ponev

کتری

Kotliček

بخارپز

Parni kuhalnik

سینی فر

Pekač

ظرف چینی آشپزخانه

Posoda

لیوان

Skodelica

کاسه

Skleda

چاپستیک

Jedilne paličice

ملاقه

Zajemalka

کفگیر

Lopatica

همزن

Metlica

آبکش

Cedilnik

آبکش

Cedilo

رنده

Strgalo

هاون

Možnar

باربیکیو

Žar

محل مخصوص افروختن آتش

Ognjišče

تخته گوشت و سبزی

Deska za rezanje

وردنه

Valjar

در بطری بازکن

Odpirač za steklenice

قوطی

Pločevinka

در قوطی بازکن

Odpirač za konzerve

دستگیره پارچه ای

Prijemalka za posodo

سینک ظرفشویی

Korito

برس گردگیری

Ščetka

اسفنج

Goba

مخلوط کن

Mešalnik

فریزر

Zamrzovalna skrinja

شیشه شیر بچه

Steklenička

شیر آب

Pipa

حمام
Kopalnica

بخاری
Ogrevanje
دوش
Prha
حوله
Brisača
پرده ی حمام
Zavesa za prho
حمام کف
Peneča kopel
وان حمام
Kopalna kad
لیوان
Kozarec
ماشین لباسشویی
Pralni stroj
شیر آب
Pipa
کاشی
Ploščice
لگن دستشویی کودکان
Kahlica
سینک ظرفشویی
Korito

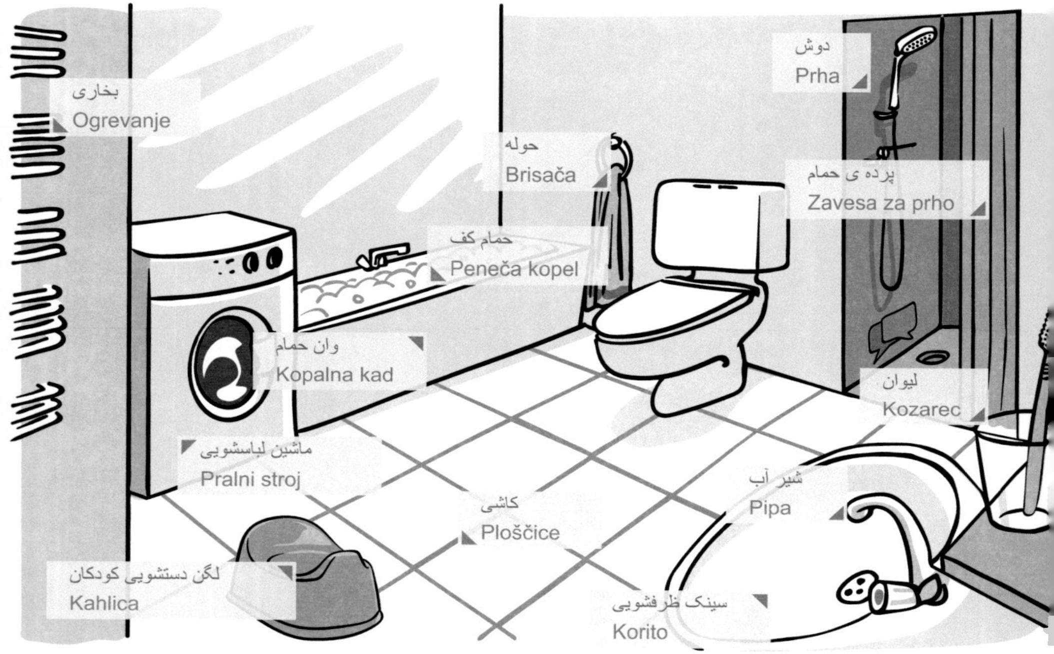

توالت

Stranišče

توالت ایرانی

Stranišče na počep

کاسه توالت

Bide

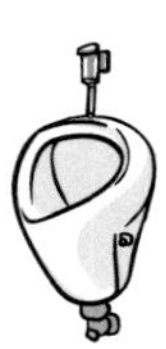

توالت مخصوص آقایان

Pisoar

دستمال توالت

Toaletni papir

فرچه توالت

Ščetka za straniščno školjko

38 حمام - Kopalnica

مسواک

Zobna ščetka

خمیردندان

Zobna pasta

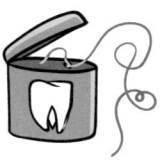

نخ دندان

Zobna nitka

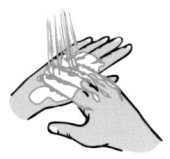

شستن

Umiti se

دوش آب تلفنی

Ročna prha

شلنگ توالت

Prha za intimne dele

لگن روشویی

Umivalnik

برس شست و شوی پشت

Krtača za hrbet

صابون

Milo

شامپو بدن

Gel za prhanje

شامپو

Šampon

لیف حمام

Krpica za miljenje

راه آب

Odtok

کرم

Krema

اسپری دئودورانت

Deodorant

آیینه

Ogledalo

آیینه ی کوچک دستی

Ročno ogledalo

تیغ ریش تراشی

Britvica

کف ریش‌تراشی

Pena za britje

آفترشیو

Vodica po britju

شانه ی سر

Glavnik

برس

Ščetka

سشوار

Sušilnik za lase

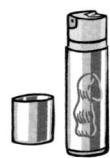

اسپری مو

Lak za lase

آرایش

Ličila

رژلب

Šminka

لاک ناخن

Lak za nohte

پنبه

Vatirane blazinice

قیچی ناخن

Škarjice za nohte

عطر

Parfum

کیف لوازم آرایشی و بهداشتی

Toaletna torbica

چهارپایه

Stol brez naslonjala

ترازو

Osebna tehtnica

حوله ی پالتویی

Kopalni plašč

دستکش ظرفشویی

Gumijaste rokavice

تامپون

Tampon

نوار بهداشتی

Damski vložki

توالت سیار

Kemično stranišče

اتاق بچه
Otroška soba

ساعت زنگدار
Budilka
نوعی عروسک نرم به شکل حیوانات
Plišasta igrača
ماشین اسباب بازی
Avtomobilček
جغجغه
Ropotuljica
خانه ی عروسکی
Hiška za punčke
کادو
Darilo

بادکنک

Balon

تخت خواب

Postelja

کالسکه بچه

Otroški voziček

بازی ورق

Igralne karte

پازل

Sestavljanka

داستان مصور

Strip

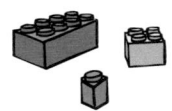

اسباب بازی لگو
Lego kocke

خانه سازی
Igralne kocke

عروسک شخصیت های فیلم و کارتون
Akcijska figura

لباس نوزاد
Bodi

فریزبی
Frizbi

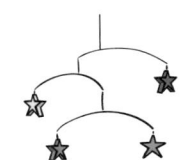

نوعی اسباب بازی که روی تخت نوزاد
یا کودک نصب می شود
Vrtiljak za posteljico

بازی روی صفحه
Namizna igra

تاس
Kocka

قطار اسباب بازی
Komplet modelov vlakov

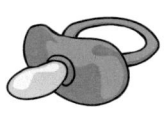

پستانک
Duda

مهمانی
Zabava

کتاب مصور
Slikanica

توپ
Žoga

عروسک
Lutka

بازی کردن
Igrati se

جعبه شنی مخصوص بازی کودکان

Peskovnik

تاب

Gugalnica

اسباب بازی

Igrače

کنسول بازی های کامپیوتری

Igralna konzola

سه چرخه

Tricikel

خرس عروسکی

Plišasti medvedek

کمد لباس

Garderoba

لباس

Oblačilo

جوراب

Nogavice

جوراب زنانه ساق بلند

Samostoječe nogavice

جوراب شلواری

Hlačne nogavice

شال
Šal

چتر
Dežnik

تی شرت
Majica s kratkimi rokavi

کمربند
Pas

پوتین
Škornji

دمپایی
Copati

کفش ورزشی کتانی
Športni copati

صندل
Sandali

کفش
Čevlji

چکمه پلاستیکی
Gumijasti škornji

شرت
Spodnje hlače

سوتین
Modrček

جلیقه
Telovnik

بادی

Bodi

شلوار

Hlače

جین

Kavbojke

دامن

Krilo

بلوز

Bluza

پیراهن

Srajca

پولیور

Pulover

سویی شرت

Pletena jopica

نوعی کت

Jopa

ژاکت

Jakna

کت بلند

Plašč

بارانی

Dežni plašč

لباس نمایش

Kostim

لباس

Obleka

لباس عروس

Poročna obleka

کت و شلوار

Obleka

لباس خواب زنانه

Spalna srajca

پیژامه

Pižama

ساری

Sari

روسری

Naglavna ruta

عمامه

Turban

برقع

Burka

قبا

Kaftan

عبا

Abaja

لباس شنا

Kopalke

شرت شنا

Kopalne hlače

شلوارک

Kratke hlače

لباس ورزشی

Trenirka

پیشبند

Predpasnik

دستکش

Rokavice

دکمه

Gumb

عینک

Očala

دستبند

Zapestnica

گردنبند

Verižica

انگشتر

Prstan

گوشواره

Uhan

کلاه لبه دار

Kapa

چوب لباسی

Obešalnik

کلاه

Klobuk

کراوات

Kravata

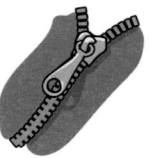

زیپ

Zadrga

کلاه ایمنی

Čelada

بند شلوار

Naramnice

لباس مدرسه

Šolska uniforma

لباس فرم

Uniforma

پیش بند بچه

Slinček

پستانک

Duda

پوشک بچه

Plenica

اداره

Pisarna

سرور
Strežnik
کمد نگهداری پرونده
Kartotečna omara
چاپگر
Tiskalnik
کاغذ
Papir
مانیتور
Monitor
ماوس
Miška
میز تحریر
Pisalna miza
زونکن
Mapa
صفحه کلید
Tipkovnica
سبد کاغذ باطله
Koš za smeti
کامپیوتر
Računalnik
صندلی
Stol

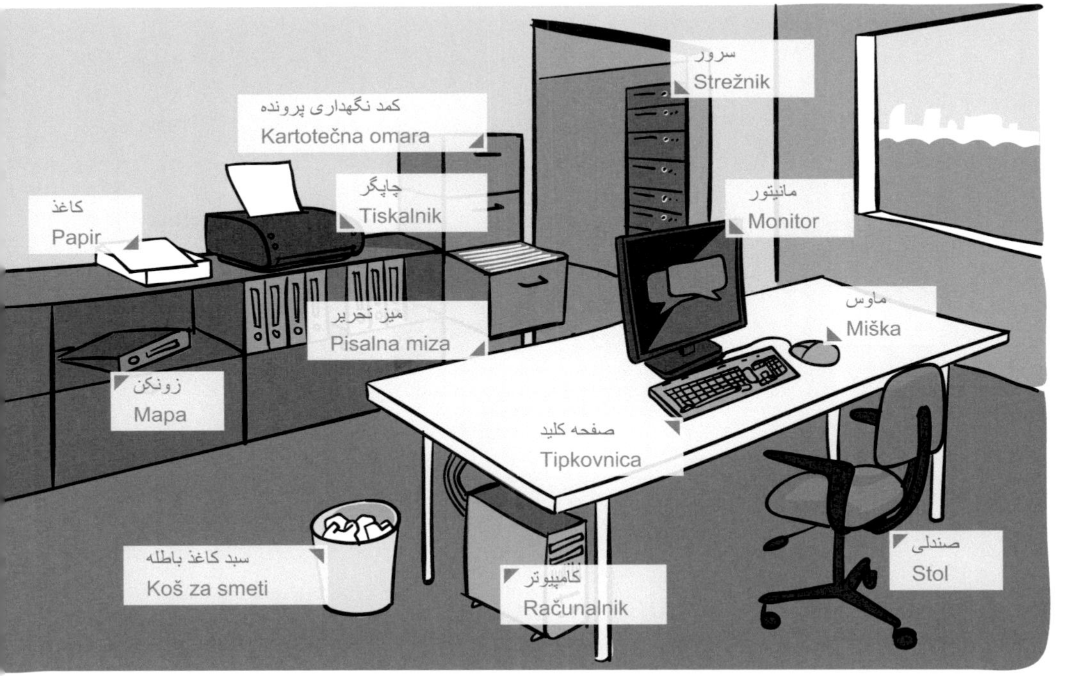

لیوان قهوه

Lonček za kavo

ماشین حساب

Kalkulator

اینترنت

Internet

لپ تاپ

Prenosnik

نامه

Pismo

پیغام

Sporočilo

تلفن همراه

Mobilnik

شبکه ی ارتباطی

Omrežje

دستگاه فتوکپی

Kopirni stroj

نرم افزار

Programska oprema

تلفن

Telefon

پریز

Vtičnica

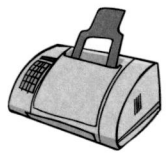

دستگاه فاکس

Telefaks

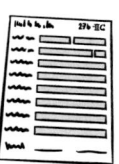

فرم

Obrazec

مدرک

Dokument

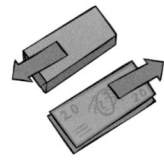

Gospodarstvo

خریدن

Kupiti

پرداخت کردن

Plačati

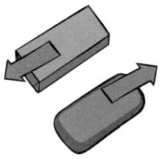

تجارت کردن

Trgovati

پول

Denar

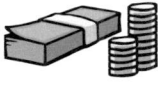

دلار

Dolar

یورو

Evro

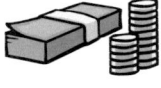

ین

Jen

روبل

Rubelj

فرانک سوئیس

Švičarski frank

یوان رنمینبی

Kitajski juan renminbi

روپیه

Rupija

دستگاه خودپرداز

Bankomat

صرافی

Menjalnica

طلا

Zlato

نقره

Srebro

نفت

Nafta

انرژی

Energija

قیمت

Cena

قرارداد

Pogodba

مالیات

Davek

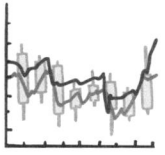

سهام سرمایه

Delnice

کار کردن

Delati

کارمند

Delojemalec

کارفرما

Delodajalec

کارخانه

Tovarna

مغازه

Trgovina

مشاغل
Poklici

مامور پلیس
Policist
آتش نشان
Gasilec
آشپز
Kuhar
دکتر
Zdravnik
خلبان
Pilot

باغبان

Vrtnar

نجار

Mizar

خیاط زنانه

Šivilja

قاضی

Sodnik

شیمیدان

Kemik

بازیگر

Igralec

راننده اتوبوس

Voznik avtobusa

راننده تاکسی

Taksist

ماهیگیر

Ribič

نظافتچی زن

Čistilka

سقف ساز

Krovec

پیشخدمت رستوران

Natakar

شکارچی

Lovec

نقاش

Pleskar

نانوا

Pek

برقکار

Električar

کارگر ساختمانی

Gradbenik

مهندس

Inženir

قصاب

Mesar

لوله کش

Vodovodni inštalater

پستچی

Poštar

سرباز

Vojak

معمار

Arhitekt

صندوقدار

Blagajnik

گل فروش

Cvetličar

آرایشگر

Frizer

مامور کنترل بلیط در قطار

Sprevodnik

مکانیک

Mehanik

ناخدا

Kapitan

دندانپزشک

Zobozdravnik

دانشمند

Znanstvenik

عالم یهودی

Rabin

امام

Imam

راهب

Menih

کشیش

Duhovnik

ابزارآلات
Orodje

انبردست
Klešče
چکش
Kladivo
پیچ گوشتی
Izvijač
آچار
Vijačni ključ
چراغ قوه
Žepna svetilka

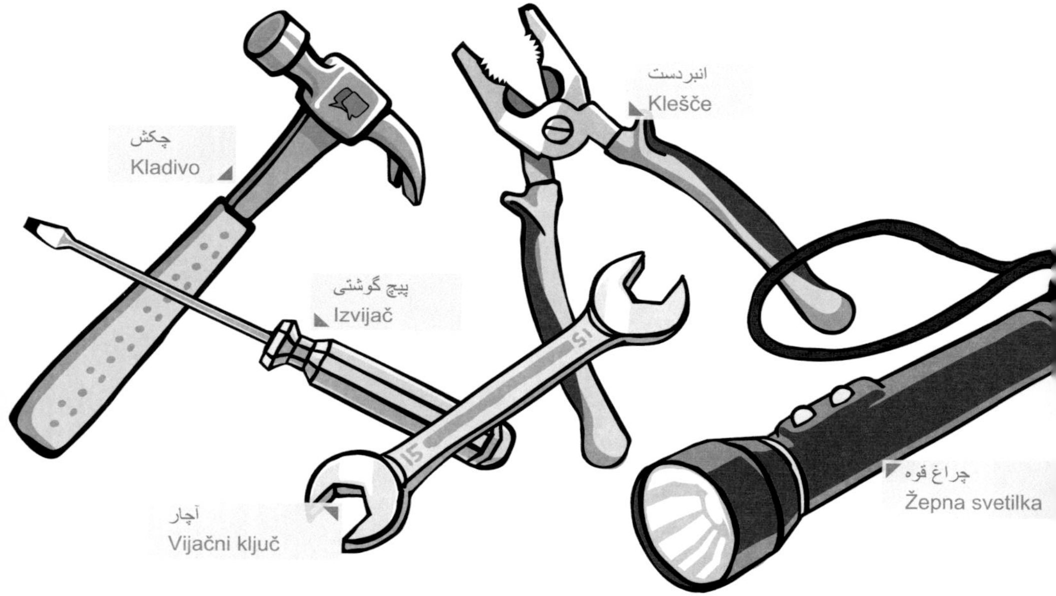

بیل مکانیکی

Bager

جعبه ابزار

Zaboj z orodjem

نردبان

Lestev

ارّه

Žaga

میخ

Žeblji

مته

Vrtalnik

تعمیر کردن
Popraviti

بیل
Lopata

لعنتی!
Šment!

خاک انداز
Smetišnica

سطل رنگرزی
Posoda z barvo

پیچ
Vijaki

آلات موسیقی
Glasbeni instrument

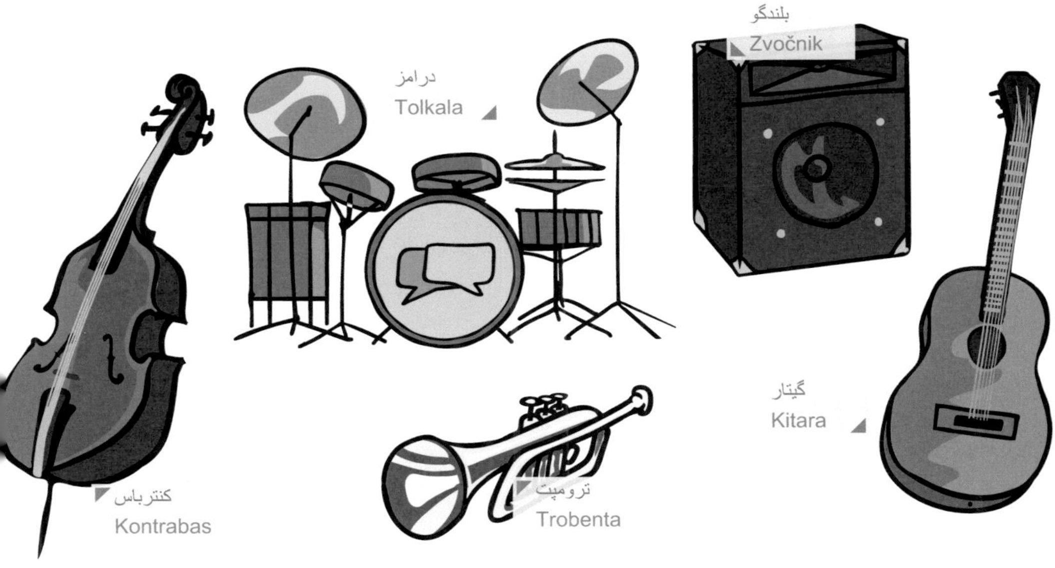

بلندگو
Zvočnik

درامز
Tolkala ◢

گیتار
Kitara ◢

◣ کنترباس
Kontrabas

ترومپت
Trobenta

پیانو

Klavir

ویولن

Violina

گیتار بیس

Bas kitara

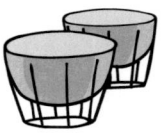

تیمپانی

Pavke

طبل

Bobni

کیبورد الکتریک

Sintetizator

ساکسیفون

Saksofon

فلوت

Flavta

میکروفون

Mikrofon

باغ وحش

Živalski vrt

Vhod
ببر
Tiger
قفس
Kletka
گورخر
Zebra
خوراک حیوانات
Krma za živali
خرس پاندا
Panda

حیوانات

Živali

فیل

Slon

کانگورو

Kenguru

کرگدن

Nosorog

گوریل

Gorila

خرس

Medved

شتر

Kamela

شترمرغ

Noj

شیر

Lev

میمون

Opica

فلامینگو

Plamenec

طوطی

Papagaj

خرس قطبی

Severni medved

پنگوئن

Pingvin

کوسه

Morski pes

طاووس

Pav

مار

Kača

تمساح

Krokodil

نگهبان باغ وحش

Oskrbnik v živalskem vrtu

خوک آبی

Tjulenj

پلنگ امریکایی

Jaguar

اسب کوچک

Poni

پلنگ

Leopard

اسب آبی

Povodni konj

زرافه

Žirafa

عقاب

Orel

گراز

Divji prašič

ماهی

Riba

لاک پشت

Želva

شیرماهی

Mrož

روباه

Lisica

غزال

Gazela

ورزش ها

Šport

فوتبال آمریکایی
Ameriški nogomet

دوچرخه سواری
Kolesarjenje

تنیس
Tenis

بسکتبال
Košarka

شنا
Plavanje

بوکس
Boks

هاکی روی یخ
Hokej

فوتبال
Nogomet

بدمینتون
Badminton

دوومیدانی
Atletika

هندبال
Rokomet

اسکی
Smučanje

پولو
Polo

فعالیت ها

Dejavnosti

پریدن
Skočiti
بغل کردن
Objeti
خندیدن
Smejati se
راه رفتن
Hoditi
آواز خواندن
Peti
رؤیا دیدن
Sanjati
دعا کردن
Moliti
بوسیدن
Poljubiti

نوشتن

Pisati

رسم کردن

Risati

نشان دادن

Pokazati

هل دادن

Potisniti

دادن

Dati

برداشتن

Vzeti

داشتن

Imeti

انجام دادن

Narediti

بودن

Biti

ایستادن

Stati

دویدن

Teči

کشیدن

Vleči

پرتاب کردن

Vreči

افتادن

Pasti

دراز کشیدن

Ležati

منتظر بودن

Čakati

حمل کردن

Nositi

نشستن

Sedeti

لباس پوشیدن

Obleči se

خوابیدن

Spati

بیدار شدن

Zbuditi se

تماشا کردن

Gledati

گریه کردن

Jokati

نوازش کردن

Božati

شانه کردن

Česati se

حرف زدن

Govoriti

فهمیدن

Razumeti

پرسیدن

Vprašati

شنیدن

Poslušati

آشامیدن

Piti

خوردن

Jesti

مرتب کردن

Pospraviti

عاشق بودن

Ljubiti

پختن

Kuhati

رانندگی کردن

Voziti

پرواز کردن

Leteti

قایقرانی کردن

Jadrati

محاسبه کردن

Računanje

خواندن

Brati

یاد گرفتن

Učiti se

کار کردن

Delati

ازدواج کردن

Poročiti se

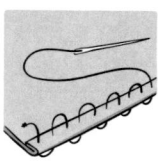

دوختن

Šivati

مسواک زدن

Ščetkati si zobe

کشتن

Ubiti

سیگار کشیدن

Kaditi

فرستادن

Poslati

خانواده
Družina

مادربزرگ
Stara mati
پدربزرگ
Stari oče
پدر
Oče
مادر
Mati
کودک
Dojenček
فرزند دختر
Hči
فرزند پسر
Sin

مهمان

Gost

خاله، عمه

Teta

دایی، عمو

Stric

برادر

Brat

خواهر

Sestra

بدن

Telo

پیشانی
Čelo
چشم
Oko
صورت
Obraz
چانه
Brada
انگشت دست
Prst
دست
Dlan
سینه
Prsi
بازو
Roka
شانه
Rama
ساق پا
Noga

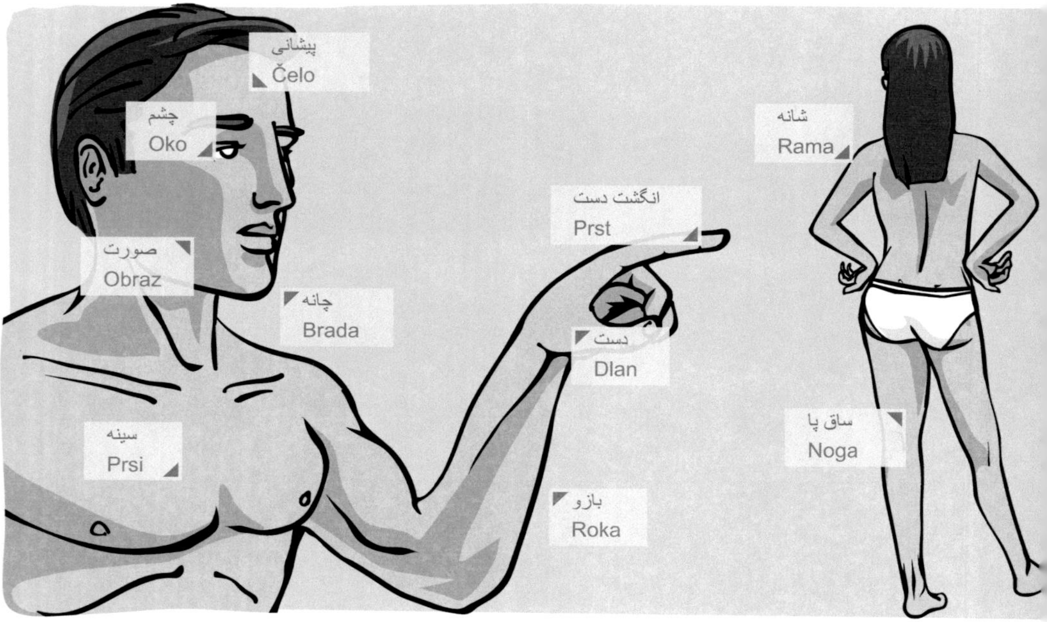

کودک

Dojenček

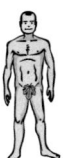

مرد

Človek

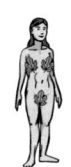

زن

Ženska

دختربچه

Dekle

پسربچه

Fant

کله

Glava

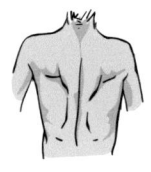

کمر

Hrbet

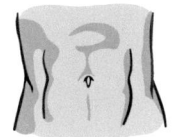

شکم

Trebuh

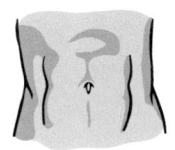

ناف

Popek

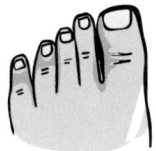

انگشت پا

Prst na nogi

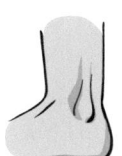

پاشنه

Peta

استخوان

Kost

لگن

Kolk

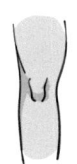

زانو

Koleno

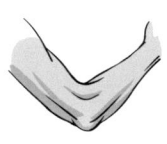

آرنج

Komolec

بینی

Nos

نشیمنگاه

Zadnjica

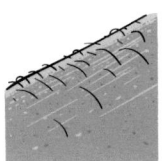

پوست

Koža

گونه

Lice

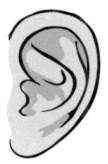

گوش

Uho

لب

Ustnica

دهان

Usta

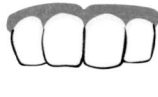

دندان

Zob

زبان

Jezik

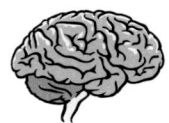

مغز

Možgani

قلب

Srce

عضله

Mišica

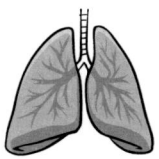

ریه

Pljuča

کبد

Jetra

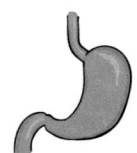

معده

Želodec

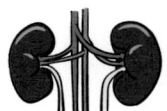

کلیه

Ledvice

آمیزش جنسی

Spolni odnos

کاندوم

Kondom

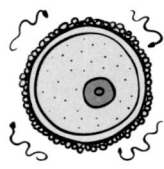

تخمک

Jajčece

اسپرم

Semenska tekočina

حاملگی

Nosečnost

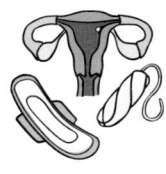

پریود

Menstruacija

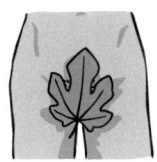

واژن

Vagina

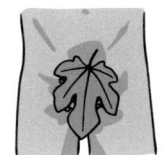

آلت تناسلی مرد

Penis

ابرو

Obrv

مو

Lasje

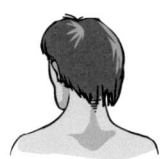

گردن

Vrat

بیمارستان
Bolnišnica

Bolnišnica
آمبولانس
Reševalno vozilo
صندلی چرخ دار
Invalidski voziček
شکستگی
Zlom

دکتر

Zdravnik

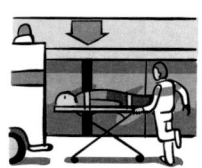

بخش اورژانس

Urgenca

پرستار

Medicinska sestra

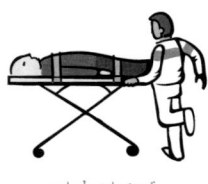

موقعیت اضطراری

Nujni primer

بی هوش

Nezavesten

درد

Bolečina

مصدومیت

Poškodba

خونریزی

Krvavenje

سکته قلبی

Srčni infarkt

سکته مغزی

Kap

آلرژی

Alergija

سرفه

Kašelj

تب

Vročina

آنفولانزا

Gripa

اسهال

Driska

سردرد

Glavobol

سرطان

Rak

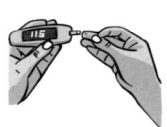

دیابت

Sladkorna bolezen

جراح

Kirurg

چاقوی جراحی

Skalpel

عمل جراحی

Operacija

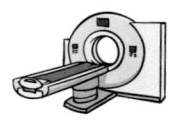

سی تی اسکن

CT

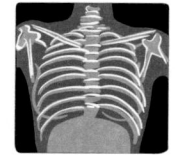

پرتونگاری

Rentgen

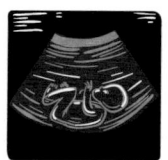

سونوگرافی

Ultrazvok

ماسک صورت

Obrazna maska

بیماری

Bolezen

اتاق انتظار

Čakalnica

چوب زیر بغل

Bergla

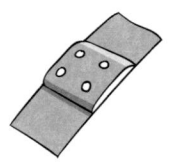

چسب زخم

Obliž

پانسمان

Preveza

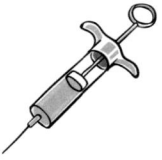

تزریق

Injekcija

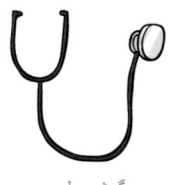

گوشی طبی

Stetoskop

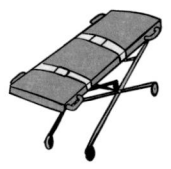

برانکار

Nosila

دماسنج

Klinični termometer

زایش

Porod

اضافه وزن

Prekomerna teža

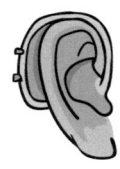

سمعک

Slušni pripomoček

ماده ضد غفونی کننده

Razkužilo

عفونت

Okužba

ویروس

Virus

اچ آی وی / ایدز

HIV / AIDS

دارو

Medicina

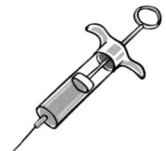

واکسیناسیون

Cepljenje

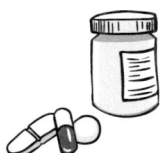

قرص

Tablete

قرص ضد حاملگی

Tableta

تماس اظطراری

Klic v sili

دستگاه اندازه گیری فشارخون

Merilnik krvnega tlaka

مریض / سالم

bolano / zdravo

موقعیت اضطراری

Nujni primer

!کمک

Na pomoč!

آژیر خطر

Alarm

حمله

Napad

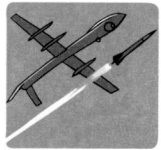

حمله ی فیزیکی

Napad

خطر

Nevarnost

خروج اظطراری

Izhod v sili

آتش

Gori!

کپسول آتش‌نشانی

Gasilni aparat

تصادف

Nezgoda

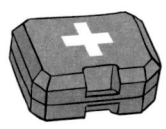

جعبه کمک های اولیه

Komplet za prvo pomoč

درخواست کمک

SOS

پلیس

Policija

کره زمین
Zemlja

اروپا

Evropa

آمریکای شمالی

Severna Amerika

آمریکای جنوبی

Južna Amerika

آفریقا

Afrika

آسیا

Azija

استرالیا

Avstralija

اقیا نوس اطلس

Atlantski ocean

اقیانوس آرام

Tihi ocean

اقیانوس هند

Indijski ocean

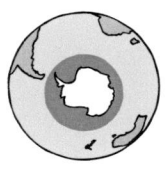

اقیا نوس اطلس جنوبی

Južni ocean

اقیانوس منجمد شمالی

Arktični ocean

قطب شمال

Severni tečaj

قطب جنوب

Južni tečaj

قاره قطب جنوب

Antarktika

کره زمین

Zemlja

سرزمین

Kopno

دریا

Morje

جزیره

Otok

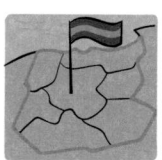

ملت

Narod

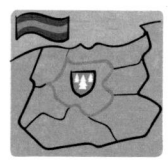

کشور

Država

ساعت

Ura

صفحه ی ساعت

Številčnica

ساعت شمار

Urni kazalec

دقیقه شمار

Minutni kazalec

ثانیه شمار

Sekundni kazalec

ساعت چند است؟

Koliko je ura?

روز

Dan

زمان

Čas

اکنون

Zdaj

ساعت دیجیتال

Digitalna ura

دقیقه

Minuta

ساعت

Ura

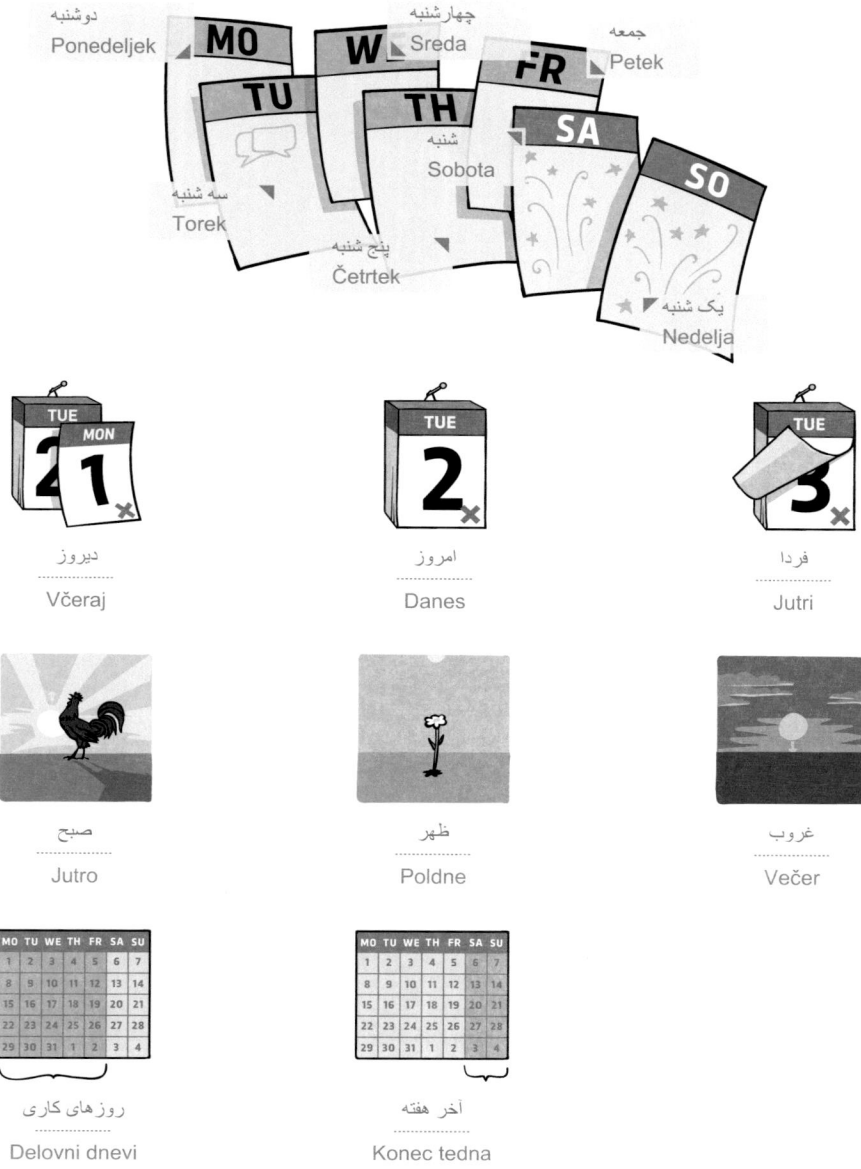

هفته

Teden

دوشنبه
Ponedeljek
سه شنبه
Torek
چهارشنبه
Sreda
پنج شنبه
Četrtek
جمعه
Petek
شنبه
Sobota
SO
یک شنبه
Nedelja

دیروز

Včeraj

امروز

Danes

فردا

Jutri

صبح

Jutro

ظهر

Poldne

غروب

Večer

روزهای کاری

Delovni dnevi

آخر هفته

Konec tedna

سال

Leto

باران
Dež
رنگین کمان
Mavrica
باد
Veter
برف
Sneg
بهار
Pomlad
پاییز
Jesen
تابستان
Poletje
زمستان
Zima

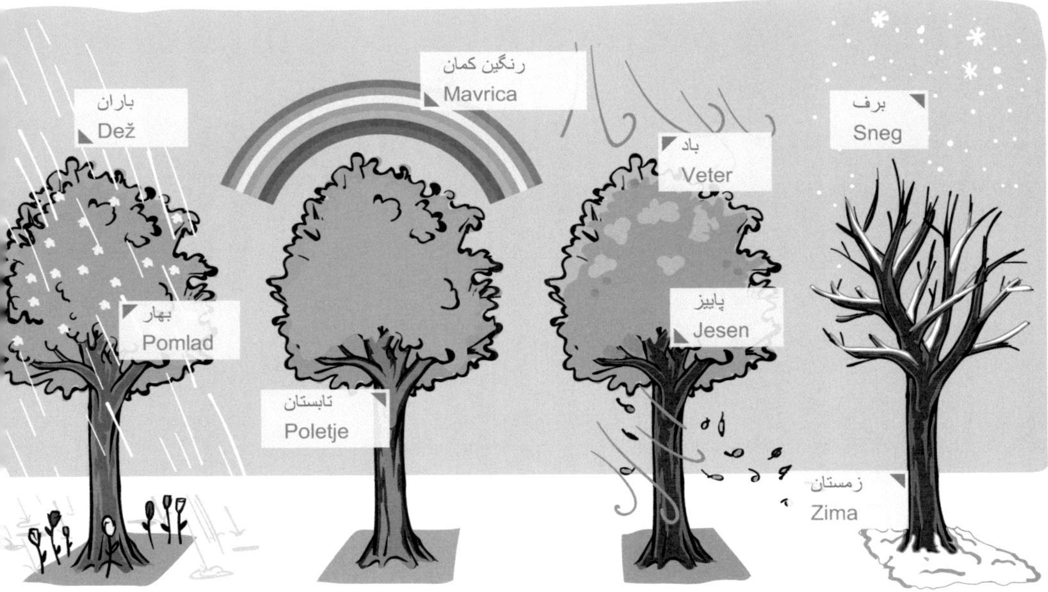

پیش‌بینی اوضاع جوی

Vremenska napoved

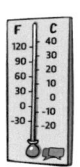

C

دماسنج

Termometer

تابش آفتاب

Sončna svetloba

ابر

Oblak

مه

Megla

رطوبت هوا

Vlažnost

صاعقه
....
Strela

آسمان غره
....
Grom

طوفان
....
Nevihta

تگرگ
....
Toča

باد موسمی
....
Monsun

سیل
....
Poplava

یخ
....
Led

ژانویه
....
Januar

فوریه
....
Februar

مارس
....
Marec

آوریل
....
April

مه
....
Maj

ژوئن
....
Junij

ژوئیه
....
Julij

آگوست
....
Avgust

سپتامبر

September

اُکتبر

Oktober

نوامبر

November

دسامبر

December

آشکال

Oblike

دایره

Krogla

مربع

Kvadrat

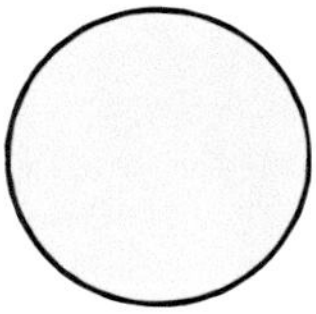

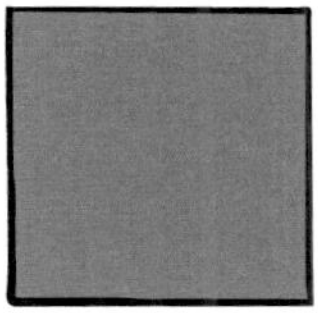

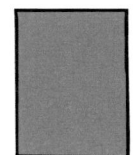

مستطیل

Pravokotnik

سه گوش

Trikotnik

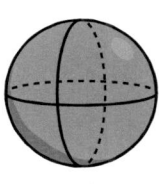

کُره

Krogla

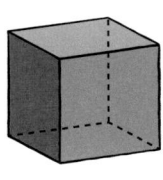

مکعب مربع

Kocka

رنگ ها

Barve

سفید

Bela

زرد

Rumena

نارنجی

Oranžna

صورتی

Rožnata

قرمز

Rdeča

بنفش

Vijolična

آبی

Modra

سبز

Zelena

قهوه ای

Rjava

خاکستری

Siva

سیاه

Črna

متضاد ها

Nasprotja

خیلی / کم

veliko / malo

خشمگین/ آرام

jezno / umirjeno

زیبا / زشت

lepo / grdo

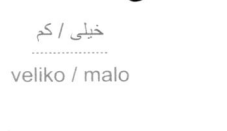

شروع / پایان

začetek / konec

بزرگ / کوچک

veliko / majhno

روشن / تیره

svetlo / temno

برادر / خواهر

brat / sestra

تمیز / آلوده

čisto / umazano

کامل / ناقص

popolno / nepopolno

روز / شب

dan / noč

مرده / زنده

mrtvo / živo

پهن / باریک

široko / ozko

قابل خوردن / غیر قابل خوردن

užitno / neužitno

غضبناک / مهربان

zlobno / prijazno

هیجان زده / بی حوصله

vznemirjeno / zdolgočaseno

چاق / لاغر

debelo / vitko

اولین / آخرین

prvo / zadnje

دوست / دشمن

prijatelj / sovražnik

پر / خالی

polno / prazno

سفت / نرم

trdo / mehko

سنگین / سبک

težko / lahko

گرسنگی / تشنگی

lakota / žeja

مریض / سالم

bolano / zdravo

غیرقانونی / قانونی

nezakonito / zakonito

باهوش / خنگ

pametno / neumno

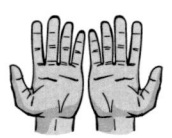

چپ / راست

levo / desno

نزدیک / دور

blizu / daleč

نو / استفاده شده

novo / rabljeno

هیچ چیز / چیزی

nič / nekaj

پیر / جوان

staro / mlado

روشن / خاموش

vklopljeno / izklopljeno

باز / بسته

odprto / zaprto

آهسته / بلند

tiho / glasno

ثروتمند / فقیر

bogato / revno

درست / غلط

prav / narobe

زبر / صاف

grobo / gladko

غمگین / خوشحال

žalostno / veselo

کوتاه / بلند

kratko / dolgo

کند / تند

počasi / hitro

تر / خشک

mokro / suho

گرم / خنک

toplo / hladno

جنگ / صلح

vojna / mir

اعداد

Števila

0

صفر

Ničla

1

یک

Ena

2

دو

Dva

3

سه

Tri

4

چهار

Štiri

5

پنج

Pet

6

شش

Šest

7

هفت

Sedem

8

هشت

Osem

9

نه

Devet

10

دَه

Deset

11

یازده

Enajst

12

دوازده
....
Dvanajst

13

سیزده
....
Trinajst

14

چهارده
....
Štirinajst

15

پانزده
....
Petnajst

16

شانزده
....
Šestnajst

17

هفده
....
Sedemnajst

18

هجده
....
Osemnajst

19

نوزده
....
Devetnajst

20

بیست
....
Dvajset

100

صد
....
Sto

1.000

هزار
....
Tisoč

1.000.000

میلیون
....
Milijon

زبان ها

Jeziki

انگلیسی

Angleščina

انگلیسی آمریکایی

Ameriška angleščina

چینی ماندارین

Mandarinščina

هندی

Hindujščina

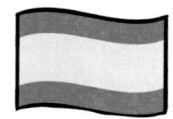

اسپانیایی

Španščina

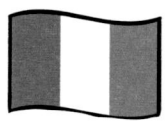

فرانسوی

Francoščina

عربی

Arabščina

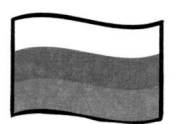

روسی

Ruščina

پرتغالی

Portugalščina

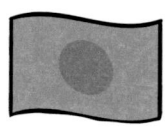

بنگالی

Bengalščina

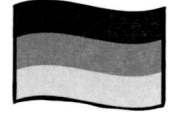

آلمانی

Nemščina

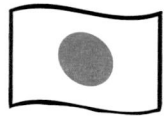

ژاپنی

Japonščina

چه کسی / چه چیزی / چگونه

Kdo / kaj / kako

من

Jaz

تو

Ti

او

On / ona / tisto

ما

Mi

شما

Vi

آنها

Oni

چه کسی؟ کی؟

Kdo?

چی؟

Kaj?

چگونه؟

Kako?

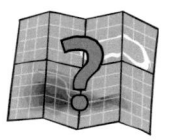

کجا؟

Kje?

کی؟

Kdaj?

نام

Ime

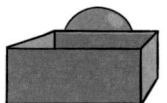

کجا

Kje

پشت

Zadaj

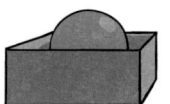

توی

V

جلو

Pred

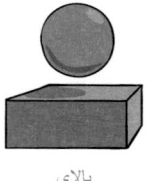

بالای

Nad

روی

Na

زیر

Pod

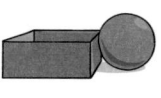

مجاور

Poleg

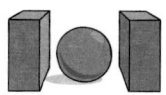

بین

Med

مکان

Kraj